THÈSE

DE

LICENCE.

ACTE PUBLIC

POUR

LA LICENCE

En exécution de l'Article 4, Titre 2, de la Loi du 22 Ventôse an XII.

SOUTENU

Par M. BOYER (JUSTIN),

Né à Cordes (Tarn).

TOULOUSE,

Typographie Troyes OUVRIERS RÉUNIS,
Rue Saint-Pantaléon, 5.

1858.

Jus Romanum.

De donationibus inter virum et uxorem.

Dig. Lib. XXIV, Tit. I.

Donatio vulgo definitur : liberalitas, nullo jure cogente, in accipientem collata, ex solâ animi benignitate, sive aliquid detur, sive quis aliquid dare facere se obliget; brevius a Perezio, doni datio, dicta est :

Justinianus, ad exemplum venditionis, in se habere necessitatem traditionis voluit, cum donator et donatorius suam voluntatem scriptis aut sine scriptis manifestaverint :

Donationum autem duo sunt genera : mortis causa et non mortis causa, inter quas donatio inter vivos, inter virum et uxorem, propter nuptias et sponsalitiæ, de quadam earum regulas exponemus ; scilicet de donationibus inter virum et uxorem.

Per primas romani juris ætates, sub legis duodecim Tabularum imperio, cum uxor in manum mariti conveniret, donationes sicut alios contractus inter virum et uxorem prohiberi certum est, quoniam inter illos nulla esset obligatio non magis quam inter patrem et filium.

Postea in mulieribus mariti potestate humanescente tamen inter virum et uxorem donationum prohibitio superest.

Moribus apud nos receptum est, ait Ulpianus, ne inter virum et uxorem donationes valerent, hoc autem receptum est, ne mutuo amore invicem spoliarentur et concordia pretio conciliari videretur, neve melior in paupertate incideret, deterior ditior fieret.

Et adhuc quia sæpe futurum esset, ut discuterentur matrimonia, atque ea ratione eventurum ut venalitia essent matrimonia.

Sic quod sponsæ ea lege donatur, ut dominium ejus adipiscatur quum nuptiæ fuerint secutæ, nullius momenti est donatio.

Si matrimonium constat, moribus legibusque donatio non valebit, sed si quod impedimentum interveniat, ne sit omnino matrimonium, donatio valebit; ergo si provincialis mulier ei qui ibi militat, contra mandata nupserit, valebit donatio, quia nuptiæ non sunt.

Non tantum autem justi conjuges, exceptis Augusto Augustaque, verum etiam eæ personæ quarum juri subjecti sunt vir et uxor, quæve in eorum potestate sunt in hac prohibitione continentur. Hoc statutum est ne fraus prohibitioni fieret. Ita demum conjux ei qui in alterius potestate est donare non potest, si ex ea causa donet ex qua conjux acquirat. Quod si non acquiratur, donatio irrita non erit. Multis aliis modis fraus prohibitioni fieri potuisset; idcirco per interpositas personas donationes factæ aut quæ simulata alterius contractus specie teguntur, nullius momenti sunt.

Sed post divortium donatio facta inter conjuges dici non potest, cum solutum sit matrimonium, ideoque donatio vires habebit.

Inter virum et uxorem donatio est quæ jam contracto matrimonio fit, ideoque omnino inutilis est; contra autem si nondum nuptiæ celebrabantur, donatio valebit, etiamsi eadem die nuptiæ fuerint secutæ; attamen si donatio ante matrimonium inchoata post nuptias tantum perficiatur, non valebit.

Sed Justinianus ait : est et aliud genus inter vivos donationum, quod veteribus quidem prudentibus penitus erat incognitum; postea autem a junioribus divis principibus introductum est : quod ante nuptias vocabatur, et tacitam in se conditionem habebat ut tunc ratum esset, cum matrimonium fuerit insecutum; ideoque ante nuptias appellabatur, quod ante matrimonium efficiebatur , et nunquam post nuptias celebratas talis donatio procedebat. Sed primus quidem divus Justinus pater noster , cum augeri dotes et post nuptias fuerat permissum , si quid tale eveniret etiam ante nuptias augeri donationem constante matrimonio sua constitutione permisit. Sed nos plenissimo fini tradere sanctiones cupientes , et consequentia nomina rebus esse studentes , constituimus ut tales donationes non augeantur tantum , sed et constante matrimonio initium accipiant , et non ante nuptias, sed propter nuptias vocentur; et dotibus in hoc exæquentur , ut quemadmodum dotes constante matrimonio non solum augentur sed etiam fiunt , ita et istæ donationes quæ propter nuptias introductæ sunt , non solum antecedant matrimonium , sed eo etiam contracto augeantur et constituantur. (Inst. lib. II. Tit. VII. § 3.

Voluntatem hìc inserimus imperatoriam quod in ea inest nostræ materiæ naturalis divisio. In principio autem videndi propositum habuimus quæ fuerit veterum temporum consuetudo; quomodo annis insequentibus , mutati mores legem mutarint , et tandem in novissimis imperii temporibus quæ fuerint jurisprudentiæ roman dispositiones.

Si Vinnium sequamur , donatio propter nuptias vice versâ est, quæ a parte mariti in uxorem, vel sponsi in sponsam confertur in securitatem dotis, et quasi remunerandæ dotis causâ. Est autem dos, donatio nomine uxoris in maritum collata ad onera matrimonii sustinenda.

Deinde propter nuptias donatio permissa sensim fuit post translationem imperii in Orientem, desiit juris gentium esse, factaque est species donationis impropriæ, et juris cæpit esse civilis.

Primis temporibus donationes inter virum et uxorem factæ , nullius erant momenti, nisi testamento confirmatæ. Postea vero ex oratione imperatoris Antonii Augusti in senatu habita. Veteris juris rigor emendata est, et morte donatoris, qui non pœnituit, ejus fiunt cui donatæ sunt, dummodo supervixerit.

Sed si donatio facta fuerit , priori defuncto cui donatum est, ad eum res redit qui donaverat.

Semper permittuntur etiam donationes quibus non diminuit de facultatibus suis donator , natalitia aliaque munuscula, dummodo sint modica quin permittuntur nemini dubium est; pariter viatica, alimenta annua vel menstrua eo nomine uxori a viro data in speciem donationis non cadunt.

Transeamus nunc ad istum donationis genus ante nuptias, quod propter nuptias vocari jussit imperator : hæc donatio Justinianea in hoc dotis similis est, ut quemadmodum uxor soluto matrimonio dotem recipit, ita et vir donationem propter nuptias. Jus tamen mulieris non est plenum in re donata dominium, sed potius ejus specialis hypotheca, pro securitate dotis, ita ut res propter nuptias donata potius hypothecæ subjici videatur quam vere alienari, jure tamen æquali inter conjuges servato.

Hæc donatio, ut diximus, diù ante nuptias dicta est, quia ante matrimonium efficiebatur et nunquam post nuptias celebratas procedebat, prohitis inter virum et uxorem donationibus; Justinus tandem quem hic Justinianus patrem suum appellat, quoniam ab illo avunculo suo adoptatus fuerat, permisit ut augeri posset præcedens ante nuptias donatio. Sed tamen inconveniens nomen remanebat, ex quo imperator constitutionem edidit in quâ inchoari post nuptias tales donationes permisit, cæterum ita ut post contractas nuptias fierent vel augerentur.

Quomodo maritus dotem, mulier donationem amittere possint denique exponendum est; divortium non est sola amittendi causa, et quoad mulierem attinet, damno donationis plectitur per adulterium, injustam separationem quæ in divortii causa cadit, vitæ turpitudinem, vel aliis modis.

POSITIONES.

I. An inter conjuges valeat donatio? — Non valet.

II. An possit maritus datum sibi legatum cedere uxori ? — Non potest.

III. An donatio, ex oratione Antonii, valeat, si maritus ab hostibus captus est, et donatarius prior decesserit? — Valet, si donator non redierit; contra non valet, si redierit.

IV. Si donantem non reddit pauperiorem donatio, an valeat? — Valet.

Code Napoléon.

Des causes de la séparation de corps et de ses effets.

L'homme, fait pour vivre en société, a besoin d'affections, pour maintenir son activité physique et morale; en arrivant au monde, il trouve dans sa famille des êtres à qui il donne nécessairement son cœur ; mais, en grandissant, il voit s'incliner vers la tombe les personnes à qui il doit la vie et sur lesquelles il concentre tout son amour ; il s'aperçoit que tôt ou tard son cœur sera vide et qu'il restera seul avec des regrets : alors il cherche à se créer de nouvelles affections, il sent le besoin d'aimer des personnes qu'il laissera, il est vrai, en quittant cette terre, mais sa vie aura été remplie, il aura l'espoir de les retrouver plus tard dans un monde meilleur.

Le mariage établi par les lois divines et humaines, est le seul moyen d'arriver au but qu'il se propose ; mais il se trouve malheureusement trop souvent, que le caractère, qui est ordinairement le même chez les membres d'une même famille, parce qu'il est de même nature, et qu'il est façonné par une longue habitude, est au contraire quelquefois tellement opposé chez les personnes qui s'unissent par le mariage, que la vie commune est complétement impossible et insupportable.

Le législateur a compris cette antipathie irréconciliable, et alors des raisons d'ordre public et de mœurs l'ont forcé de permettre le divorce , plus tard rejeté comme immoral (lois du 8 mai 1816), et la séparation de corps ; de cette manière il a évité les malheurs et les scandales que devait amener une union que la nature semble réprouver et qui ne peut produire que de mauvais résultats dans la famille et dans la société....

Nous allons traiter de la séparation de corps.

CHAPITRE Ier.

Des causes de la séparation de corps.

Sous l'ancienne législation , la séparation de corps était admise; l'influence du droit canonique , qui ne permettait que cette manière de dissoudre le mariage , s'était manifestée jusques dans le droit civil , et avait fait admettre le principe de l'indissolubilité du mariage : sous la Révolution , on voulut séparer tout-à-fait le droit civil de ce qui lui était étranger , on rejeta la séparation de corps pour conserver le divorce; on crut qu'il réunissait tous les avantages de la séparation de corps , sans en avoir les inconvénients. (Loi du 20 sept. 1792.)

Les rédacteurs du Code voulurent concilier tous les esprits, et en maintenant le divorce, ils admirent la séparation de corps pour les personnes à qui les principes religieux défendaient de divorcer.

Enfin sous la Restauration, l'esprit religieux qui dominait cette époque et l'expérience ayant prouvé que le divorce , loin de porter de bons fruits , ne fesait qu'ouvrir une plus libre carrière aux passions, et que les époux ne le demandaient que pour satisfaire plus librement leurs mauvais penchants , on abolit le divorce pour conserver seulement la séparation de corps.

Le Code a traité d'une manière très-brève la séparation de corps, et nous serons souvent obligé d'aller puiser dans les lois qui réglaient le divorce , pour compléter les dispositions de ce chapitre.

La séparation de corps est l'état de deux époux qui , tout en conservant cette qualité, ne sont plus dans l'obligation ni dans le droit de vivre en commun.

La séparation de corps peut être demandée pour trois causes seulement, qui sont :

1o L'adultère de l'un des époux ;

2o Les excès, sévices ou injures ;

3o La condamnation à une peine infamante.

Les causes de la séparation de corps devraient être les mêmes pour le mari que pour la femme; cependant pour l'adultère la loi a admis une distinction qui se conçoit parfaitement, car l'infidélité de la femme a de plus grandes conséquences que celle du mari, elle peut faire entrer dans la famille des êtres étrangers, qui dans la succession coucourraient avec les enfants légitimes du père.

Pour la femme un seul acte d'infidélité suffit pour que le mari puisse demander la séparation de corps, et on n'a pas à chercher dans quel endroit a été commise la faute, elle est la même, que ce soit dans ou hors le domicile conjugal ; la femme peut par le même jugement être condamnée à un emprisonnement de trois mois à deux ans, sur la réquisition du ministère public ; elle subit sa peine dans une maison centrale de réclusion ; le tribunal civil ne pourrait pas aussi condamner le complice de la femme.

Quant au mari, il faut des circonstances plus graves, pour que la femme puisse demander la séparation de corps ; il faut une triple réunion de faits : d'abord des rapports criminels suivis avec la même femme ; quelques actes d'infidélité avec une ou plusieurs femmes, tant qu'ils sont séparés, ne donneraient pas lieu à une demande en séparation.

Il faut en second lieu que la concubine soit entretenue dans la maison conjugale ; mais on ne doit pas exiger, pour donner une réparation à la femme ainsi insultée, que la concubine ait été entretenue dans la maison où résident habituellement les époux ; il suffit qu'elle soit dans une maison où la femme a le droit d'habiter avec son mari, et qu'elle puisse se trouver en présence de celle qui usurpe sa place.

Enfin, il faut que la concubine soit tenue dans la maison par le mari et malgré la femme , soit que la femme l'ait introduite comme servante ou comme parente , soit que le mari l'ait lui-même fait entrer : le tribunal, en prononçant la séparation de corps contre le mari , ne peut pas le condamner à une peine afflictive.

En second lieu, les époux peuvent demander la séparation de corps pour excès , sévices ou injures graves, soit que ces excès , sévices ou injures viennent de la part du mari ou de la part de la femme.

On appelle excès tout acte de violence qui met en danger la vie ou la santé d'une personne ; la loi , pour ne pas exposer l'un des époux à une condamnation criminelle , a permis à l'autre de se soustraire aux traitements violents dont il est l'objet par la séparation de corps.

Les sévices sont les traitements durs qui ne mettent pas en danger la vie ou la santé de la personne : on ne pouvait pas laisser un être faible en butte à la cruauté ou à la méchanceté du plus fort qui abuse de la supériorité de sa force physique. Pour les sévices comme pour les injures , le juge doit distinguer et prendre en considération la fortune , l'éducation , le caractère et le tempérament des personnes qui demandent la séparation : un soufflet, qui dans une classe de la société peut être une chose insignifiante , dans une autre peut former des sévices assez graves pour motiver la séparation de corps.

Les injures sont : tout propos, actes ou écrits assez importants pour porter atteinte à l'honneur ou à la considération d'une personne ; elles se présentent sous des formes trop diverses pour pouvoir les caractériser ; toutefois nous pouvons faire remarquer que l'adultère simple du mari , insignifiant comme adultère pour donner lieu à la séparation de corps , peut constituer une injure assez grave pour que le juge l'accorde.

Enfin la condamnation de l'un des époux à une peine infamante, dont l'énumération se trouve dans les articles 7 et 8 du Code Pénal ; ce sont : les travaux forcés à perpétuité et à temps, la déportation, la détention, la réclusion, le bannissement et la dégradation civique ; la condamnation à une de ces peines, avons-nous dit , peut donner lieu à une séparation de corps. Mais il faut que la condamnation soit définitive ; en effet nous lisons dans l'art. 261 : Lorsque le divorce sera demandé par la raison qu'un des époux est condamné à une peine infamante, les seules formalités à observer consisteront à présenter au tribunal de première instance une expédition en bonne forme du jugement de condamnation, avec un certificat de la cour d'assises, portant que ce même jugement n'est plus susceptible d'être réformé par aucune voie légale.

Il ne faut pas admettre comme M. Duranton, qu'on pourra demander la séparation de corps pour un jugement prononcé antérieurement au mariage, la loi ne parle que de la condamnation d'un des époux ; si l'on a épousé par erreur un forçat libéré, on peut demander la nullité du mariage.

La séparation de corps ne peut jamais avoir lieu par consentement mutuel des deux époux ; il ne suffirait pas non plus que l'un reprochât des faits imaginaires, et que l'autre en fît l'aveu frauduleux pour que le juge prononce la séparation de corps ; il serait trop facile d'arriver ainsi à un résultat prohibé par l'art. 307 du Code Nap. — Cependant il faut en général prendre en considération les aveux du défendeur, qui se joindront aux autres éléments de conviction.

De la procédure à suivre.

La séparation de corps devrait, selon l'art. 307, être demandée en la forme ordinaire ; l'action doit être intentée, instruite et jugée de la même manière que toute autre action civile, mais le Code de procédure nous trace une voie différente à suivre.

Il faut, dit le titre IX du livre premier de la deuxième partie, que l'époux demandeur présente une requête au président du tribunal, contenant sommairement les faits ; celui-ci répond par une ordonnance portant que les parties se présenteront devant lui à jour fixé sans conseil ni avoué ; il fera les observations qui pourraient opérer une réconciliation, et s'il ne peut pas l'obtenir par une seconde ordonnance, il renvoie les parties à se pourvoir devant le tribunal de première instance, sans avoir besoin de citation en conciliation ; lui-même a fait de vains efforts pour arriver à un rapprochement.

La femme obtient aussi le droit de se retirer provisoirement dans une maison que le président indiquera d'office, de prendre tous les objets et hardes nécessaires pour son usage journalier; quant à la provision, elle sera déterminée à l'audience.

Dans les affaires ordinaires, les témoins, parents jusqu'au sixième degré, et les domestiques ne peuvent pas déposer de véritables témoignages; dans une demande en séparation de corps, au contraire tous les parents, à l'exception des descendants, pourront servir de témoin; souvent ils sont les seuls qui puissent éclairer la justice. On doit attendre, quand la séparation a pour cause une condamnation à une peine infamante; le tribunal civil, comme le dit l'art. 3 du Code d'Instruction criminelle, doit attendre que la Cour d'assises ait statué.

Le jugement qui prononce la séparation de corps doit être affiché dans l'auditoire du tribunal, dans les chambres des avoués et notaires, et si le mari est commerçant dans l'auditoire du tribunal de commerce. Sans ces formalités on ne pourrait pas opposer la séparation de biens, qui résulte de la séparation de corps, aux tiers qui auraient traité avec le mari.

Les enfants resteront pendant le procès sous la surveillance du mari; cependant, sur la demande de la femme, de la famille ou du ministère public, le tribunal pourra ordonner qu'il en soit autrement.

Si la femme quitte le domicile indiqué par le président, le mari pourra se refuser à lui payer la provision alimentaire qu'il doit fournir.

La femme commune de biens pourra faire poser les scellés pour garantir sa part dans la communauté; si elle a de justes craintes, malgré les inventaires, que le mari dissipe cette communauté, elle peut le forcer à déposer le numéraire à la caisse des consignations; les obligations contractées par le mari en fraude des droits de la femme sont déclarées nulles.

Le mari peut demander une provision alimentaire, et si la présence de la femme compromet la santé ou la vie du mari, il peut demander qu'elle soit retenue dans une autre maison.

Fins de non recevoir.

La renonciation de l'époux demandeur arrête l'action en séparation de corps ; quand elle est commencée, et avant, l'époux offensé peut seul l'intenter, puisque lui seul a intérêt. Cette renonciation du mari peut être expresse ou tacite ; il peut même, après que la séparation de corps a été prononcée et que la femme a été condamnée à une peine correctionnelle pour adultère, il peut, dis-je, en pardonnant sa femme, faire cesser son emprisonnement.

Mais si d'autres raisons se présentent pour demander une seconde séparation de corps, le demandeur pourra, aux faits récents qu'il mettra en avant, joindre les autres faits anciens qu'il avait pardonnés ; et les juges devront admettre la séparation de corps, même lorsque les faits récents ne seraient pas assez graves pour la motiver par eux-mêmes. Mais si le demandeur nie la réconciliation, l'autre pourra le prouver par écrit ou par témoins.

Dans cette matière, il ne peut y avoir prescription, et l'époux offensé peut toujours, quand il n'y a pas eu réconciliation tacite, demander la séparation de corps.

Les torts réciproques n'empêchent pas, comme le croit M. Duranton, de prononcer la séparation de corps ; au contraire, les motifs sont doubles et les deux époux demandent l'un contre l'autre la séparation : alors le tribunal doit les condamner tous deux aux frais, et tous deux perdent les avantages que fait perdre la condamnation à l'époux contre lequel elle est prononcée. Il serait absurde de ne pas permettre à deux personnes de se séparer parce que leur vie est menacée l'un par l'autre. Cependant le Code Pénal ne permet pas au mari qui a entretenu une concubine dans la maison commune de poursuivre correctionnellement sa femme adultère ; cela se conçoit, puisqu'il est peut-être la cause de la faute de sa femme.

La femme qui a quitté la maison qui lui avait été assignée pour domicile par le président, pourra être déclarée non-recevable; mais le tribunal ne devra pas à la légère démettre la femme de sa demande, à moins qu'elle ne se soit réconciliée ou qu'elle ait eu un motif coupable.

La mort de l'un des époux empêche d'intenter l'action en séparation de corps ; c'est évident , puisqu'il aurait pour but de relâcher des liens qui n'existent plus. Il est vrai qu'elle touche par contre-coup à un intérêt pécuniaire ; mais on ne doit pas sacrifier des intérêts moraux à des intérêts d'argent. Si l'action avait été commencée , serait-elle interrompue par la mort d'un des époux ? Oui, sans doute. On ne peut pas non plus demander le relâchement d'un lien qui vient d'être brisé ; la morale publique n'est pas intéressée , comme dans les nullités absolues, à continuer les poursuites , on doit seulement regarder si la demande était bien ou mal fondée , pour condamner aux dépens ; mais l'époux condamné ou ses héritiers ne perdent pas les bénéfices de l'art. 1518.

CHAPITRE II.

Des effets de la séparation de corps.

Il y a des effets relatifs à la personne des époux et relatifs à leurs biens.

Section Ire.

Effets relatifs aux personnes.

La séparation de corps, comme il est facile de le comprendre, dispense les époux de vivre ensemble. La femme a un domicile propre autre que celui de son mari ; les enfants sont confiés à la garde du père ou de celui qui a obtenu le jugement qui prononce la séparation de corps : cependant le tribunal peut les laisser à la garde de l'autre ou d'une tierce personne, selon le plus grand avantage des enfants.

Depuis la loi du 15 décembre 1850 , l'ancienne règle *Pater is est quem nuptiæ demonstrant* , n'est plus sans exception. Quand la séparation de corps a été prononcée , le mari peut désavouer l'enfant qui est né plus de trois cents jours après l'ordonnance du président, qui permet à la femme d'avoir un domicile séparé ; et en cas de réconciliation , il peut le désavouer quand il est né avant le cent quatre-vingtième jour de cette même réconciliation. Toutefois , l'action en désaveu ne sera pas admise , s'il y a eu réunion de fait entre les deux époux. Mais ce serait à l'enfant qui voudrait prendre le titre de légitime de prouver le rapprochement des deux époux pendant qu'ils vivaient en état de séparation de corps.

La femme doit toujours fidélité à son mari , puisque le mariage subsiste. De là il résulte que si l'un des époux n'a pas assez de ressources, il peut demander à son conjoint une pension alimentaire ; ils doivent se soigner dans leurs maladies et dans leurs infirmités , et agir avec bienveillance l'un envers l'autre.

La séparation ne peut pas cesser par la seule volonté de celui qui l'a obtenue ; le consentement mutuel est nécessaire. Chacun des deux a le droit de vivre seul : il faut que chacun renonce à ce droit résultant d'un jugement pour que la vie commune recommence.

SECTION II.

Effets relatifs aux biens.

La séparation de corps emportera toujours séparation de biens ; mais cette séparation de biens ne produit pas ses effets comme la vraie séparation de biens, à compter du jour de la demande ; elle n'est ici qu'un effet de la séparation de corps ; et comme celle-ci ne date que du jour du jugement , l'effet ne peut pas précéder la cause ; et puis ici on n'a plus pour motif le péril de la dot de la femme pour faire exception à la règle commune.

Nous croyons avec la jurisprudence et la plus grande partie des auteurs, que l'art. 299, qui traite du divorce, est applicable à la séparation de corps et que l'époux contre lequel la séparation aura été admise, perdra tous les avantages que l'autre époux lui avait faits, soit dans leur contrat de mariage, soit depuis le mariage contracté ; tandis que celui qui l'aura obtenu, conservera les avantages à lui faits par l'autre époux.

La femme séparée de biens reprend l'administration et la jouissance de tous ses biens ; elle a le droit de s'obliger pour les faits de cette administration, mais elle ne pourrait pas s'obliger en général, elle ne peut pas aliéner, hypothéquer sans l'autorisation de son mari, ou à défaut, celle de la justice.

Après avoir étudié les causes de la séparation de corps, les effets relatifs à la personne des époux, nous avons à étudier en détail les effets relatifs aux biens, d'abord dans le régime de la communauté, l'exclusion de communauté, puis dans le régime dotal : la séparation de corps produit toujours la séparation de biens, comme nous l'avons dit, et la position des biens étant différente dans chacun de ces régimes, la séparation devra produire des effets distincts.

Il y a deux sortes de séparations de biens : elle est contractuelle ou judiciaire, elle peut être la conséquence du jugement qui prononce la séparation de corps ; nous laissons la première, qui est le résultat d'une stipulation contenue dans le contrat de mariage, un des régimes légaux que peuvent choisir les époux : nous allons étudier la dernière.

La séparation de biens judiciaire peut résulter de deux causes ; du mauvais état des affaires du mari, quand il y a danger pour la femme de perdre tout ou partie de ses biens présents ou à venir, et puis la séparation de biens, corollaire immédiat de la séparation de corps, les deux produisent les mêmes effets ; mais la première ne peut être demandée que par la femme, parce qu'elle seule peut être victime des prodigalités ruineuses de son mari, tandis que la seconde résulte d'une demande qui peut être faite par l'un et par l'autre, et malgré que la position des époux soit aussi florissante que possible.

§ Ier. — *De la séparation de corps dans le régime de la communauté.*

La communauté se dissout, dit l'art. 1441, par la mort, le divorce, la séparation de corps ; c'est improprement qu'on a mis la séparation de corps, car ce n'est que parce qu'elle produit la séparation de biens, qu'elle dissout, mais d'une manière médiate, la communauté.

La séparation de biens seule, comme nous l'avons dit, produit ses effets du jour de la demande en justice, parce qu'il importe de ne pas laisser plus longtemps la dot de la femme entre les mains du mari où elle se trouve en danger de périr ; la séparation de biens, résultat de la séparation de corps, au contraire, ne produit ses effets que du jour du jugement. Ici, il n'y a plus les mêmes craintes, la dot de la femme peut se trouver en très bonnes mains et puis, on pouvait demander la séparation de biens en même temps que la séparation de corps, quand la femme intente l'action.

Les effets de la séparation judiciaire sont à peu de chose près les mêmes que ceux de la séparation contractuelle ; cependant on peut remarquer cette différence, que d'un côté, la femme, faute de conventions, ne doit contribuer aux charges du ménage que jusqu'à concurrence du tiers de ses revenus, tandis que dans le cas qui nous occupe, la femme doit fournir pour l'entretien des enfants communs, une somme proportionnelle à sa fortune comparée à celle de son mari ; et il peut arriver qu'elle sera obligée de fournir la moitié, les trois quarts et même davantage, si le mari n'a pas de ressources.

La femme doit en général donner au mari ce qu'elle est obligée de fournir ; cependant, elle pourra se faire autoriser à payer elle-même les fournisseurs si elle a de justes craintes que son mari ne dépense futilement l'argent nécessaire à la famille.

Les aliénations sont défendues à la femme séparée de biens, comme nous l'avons vu, mais si les aliénations à titre onéreux lui sont interdites, à plus forte raison celles à titre gratuit.

Quand le mari est intervenu dans une vente faite par la femme, il est censé jusqu'à preuve contraire avoir reçu l'argent, et la séparation de biens, résultat de la séparation de corps, ne fait pas disparaître cette présomption légale ; il suffit qu'il ait assisté au contrat, et on conçoit, que malgré son absence, si on lui prouvait qu'il a employé la somme à son profit, il en serait aussi responsable.

Les époux peuvent toujours se rapprocher ; mais pour cela, il faut dresser un acte dans la forme authentique qui constate la réconciliation ; on doit le faire afficher comme le jugement qui ordonne la séparation, et alors le mariage reprend son cours comme s'il n'avait jamais été interrompu ; les clauses qui modifieraient la première communauté sont nulles, la réconciliation est toujours valable.

La séparation de corps n'ouvre pas au profit de l'époux innocent le gain de survie, mais il est obligé d'attendre la mort naturelle de cet époux pour en profiter ; l'art. 1452 qui traite cette question, est inexact et trop restreint.

La femme, après la dissolution de la communauté, pour conserver la faculté de renoncer à cette communauté, doit faire inventaire dans les trois mois de la dissolution et délibérer dans les quarante jours : ce temps court du jour où le jugement a acquis force de chose jugée ; si elle ne s'est pas prononcée dans le délai de trois mois et quarante jours, à moins qu'elle ait demandé une prorogation, elle est censée avoir renoncé à cette communauté ; mais si la femme meurt dans les trois mois qu'elle a pour faire inventaire, les héritiers ont un nouveau délai de trois mois ; si elle meurt dans les quarante jours qu'on lui accorde pour délibérer, les héritiers ont un nouveau délai de quarante jours.

Quand la communauté est dissoute par la séparation de corps comme quand elle l'est par tout autre cause, la convention écrite dans le contrat de mariage qu'un des époux ne prendra que le tiers, le quart ou tout autre partie de la communauté, reste valable, quand même l'époux qui prend le plus serait celui contre lequel on a prononcé la séparation de corps, parce qu'ils ont fait un contrat aléatoire, et il s'exposait à perdre comme à gagner puisqu'il prend une partie proportionnelle du passif.

§ 2. — *De la séparation de corps dans le régime exclusif de communauté.*

Le mari perd l'administration et la jouissance des biens meubles et immeubles de la femme ; il doit rendre en nature tout ce qu'il a reçu d'elle, et pour les choses dont on ne peut faire usage sans les consommer, le mari doit rendre le prix auquel elles avaient été estimées, soit dans le contrat de mariage, soit dans les inventaires dressés à l'époque où elles avaient été données à la femme.

D'ailleurs les règles sont les mêmes que pour le régime de la communauté légale, duquel il diffère peu.

§ 3. — *De la séparation de corps dans le régime dotal.*

La séparation de biens, résultat de la séparation de corps, ne fait pas cesser la dotalité, elle se combine seulement avec elle, les biens dotaux restent inaliénables, la femme en prend simplement l'administration.

Pendant le mariage, la dot est inaliénable et imprescriptible en principe ; cependant après la séparation de corps ou de biens, elle devient prescriptible ; voilà pourquoi la femme séparée doit faire annuler la vente d'un immeuble dotal : elle le peut même quand elle a garanti la vente ; le mari doit rendre le prix et payer les dommages-intérêts à l'acquéreur évincé.

La prescription fondée sur la possession, commencée pendant le mariage, ne peut avoir d'effet qu'après la séparation ; la femme qui reprend l'administration doit veiller sur ses droits pour les conserver.

QUESTIONS.

I. Combien y a-t-il de causes de séparation de corps ? — Trois : l'adultère, les excès, sévices ou injures graves, la condamnation à une peine infamante.

II. Peut-elle avoir lieu par consentement mutuel ? — Non.

III. La séparation de corps produit-elle toujours la séparation de biens ? — Oui.

IV. L'époux condamné perd-il les donations à lui faites ? — Oui.

V. De quel jour date la séparation de biens ? — Du jour du jugement.

Droit Commercial.

De la lettre de Change.

Des voies de recours qui compètent au porteur non payé (le rechange excepté).

La lettre de change a été créée pour faciliter le commerce, elle a pour but de rendre plus rapide la circulation des fonds, en remplaçant l'argent par du papier qui représente sa valeur ; c'est au moyen du crédit qu'on est arrivé à ce but. Elle acquiert une autorité plus grande chaque fois qu'elle est garantie par une signature nouvelle.

La lettre de change n'est pas, comme on l'a dit, un titre, une preuve de la créance, mais elle est créancière elle-même ; le porteur agit pour le papier incapable ; voilà pourquoi l'acceptation faite par acte séparé n'est valable que pour celui à qui elle a été faite, et le porteur cessionnaire ne peut pas s'en prévaloir, parce que l'acceptation ne peut être invoquée que par celui en faveur duquel elle a été faite ; et si elle avait été faite sur la lettre de change, le papier étant seul créancier, lui seul pourrait en argumenter.

Nous devons prendre la lettre de change au moment où elle a reçu les signatures des endosseurs, elle a grandi en crédit en passant dans plusieurs mains successivement ; enfin elle arrive à l'échéance, le porteur, dernier propriétaire, la présente au tiré ; s'il ne la paie pas, quelles sont les voies de recours qui lui sont ouvertes ? C'est la question que nous avons résoudre.

Le porteur d'une lettre de change non payée a une action en recours contre tous les signataires ; mais il ne pourra l'exercer qu'en prouvant que le tiré n'a pas voulu payer : autrefois on faisait cette preuve au moyen d'une déclaration faite par le tiré lui-même sur la lettre change ; plus tard on se servit de deux témoins, qui certifiaient que le tiré avait refusé le paiement ; enfin on eut recours à une personne capable de donner à ses actes la valeur d'un acte authentique, et on appela cet acte un protêt (*proteste*) ; cet officier certifie qu'il s'est rendu tel jour chez le tiré et qu'il n'a pu obtenir le paiement ; cet acte fait foi en vers et contre tous, et il établit en faveur et à l'encontre de tous les signataires la preuve du non-paiement ; il résulte que ce n'est pas un commencement de poursuite, mais seulement un acte conservatoire fait autant en faveur du porteur que de la lettre de change elle-même.

Le refus de paiement doit être constaté, dit l'art. 162, le lendemain du jour de l'échéance ; cependant rien n'empêcherait de faire protester le jour même pour prouver qu'on a présenté le papier ; dans ce cas, il faut deux protêts.

Le protêt, faute de paiement, doit être fait au plus tard le lendemain de l'échéance pour être utile ; si le lendemain de l'échéance était un jour férié, on attendrait le surlendemain pour faire protester, parce que la loi défend de protester les dimanches et les jours de fêtes légales.

Le porteur n'est dispensé du protêt faute de paiement, ni par le protêt faute d'acceptation, ni par la mort ou faillite de celui sur qui la lettre de change est tirée. On comprend que la loi ordonne un protêt faute de paiement même quand il y a eu un protêt faute d'acceptation ; de même en cas de mort ; mais en cas de faillite, le protêt, qui n'est destiné qu'à prouver que le tiré ne peut pas payer, est inutile, puisque le failli ne pourrait payer qu'en devenant banqueroutier frauduleux ; son impuissance de payer résulte de son état de faillite, excepté que la loi ne suppose le cas où le failli reprendrait la direction de ses affaires ; le porteur a aussi le droit, dans le cas de faillite de l'accepteur avant l'échéance, de faire protester et exercer son recours, parce qu'alors on a diminué le garanties promises ; mais on pourrait arrêter ses poursuites en lui fournissant caution.

Si l'un des signataires de la lettre de change a failli avant l'échéance, que devra faire le porteur? Ici il faut distinguer : il y a deux sortes d'obligés, les obligés principaux et les obligés secondaires : dans le premier cas, quand un obligé principal a failli, on peut recourir contre tous les signataires ; dans le deuxième, quand c'est un obligé secondaire, on ne pourra inquiéter que le failli.

On appelle débiteur principal celui qui s'est enrichi le plus par la négociation du papier; ainsi, s'il n'y a pas eu acceptation, c'est le tireur qui est débiteur principal ; mais quand la lettre de change a été acceptée, c'est le tiré : il est censé avoir reçu la somme nécessaire au paiement, et le tireur devient par suite obligé secondaire comme les autres endosseurs, et leur faillite n'exerce aucun effet sur les autres signataires. L'art. 444 nous dit : en cas de faillite du souscripteur d'un billet à ordre, de l'accepteur d'une lettre de change ou du tireur à défaut d'acceptation, les autres obligés seront tenus de donner caution pour le paiement à l'échéance, s'ils n'aiment mieux payer immédiatement.

Comment le porteur non payé pourra exercer son recours après le protêt? Il pourra, dit la loi, exercer une action récursoire ou individuellement contre le tireur et chacun des endosseurs, ou collectivement contre les endosseurs et le tireur.

Mais on accorde pour cette action des délais très courts ; il doit faire notifier le protêt à celui qu'il attaque en garantie, et l'assigner à comparaître devant les juges dans les quinze jours qui suivent la date du protêt ; mais si la personne assignée réside à un distance de plus de cinq myriamètres, il aura un jour de plus pour chaque deux myriamètres et demi excédant les cinq myriamètres. Il peut arriver par conséquent qu'un signataire aura prescrit contre le porteur l'action en recours parce qu'il demeure près, tandis que d'autres pourront encore être actionnés par ce porteur; mais ceux-ci pourront à leur tour attaquer le premier, parce que pour eux la prescription ne court que le lendemain de la date de la citation en justice; ainsi il sera délivré des poursuites par rapport à un et non par rapport aux autres.

Nous ne parlons pas de l'art. 166, dont les règles sont très peu importantes et n'ont besoin d'aucune explication.

Maintenant supposons que le premier poursuivi soit insolvable, le porteur pourra du chef de cet endosseur atteindre les autres même dans le cas où lui-même aurait prescrit contr'eux; mais on pourra lui opposer toutes les exceptions provenant du chef de celui au nom duquel il agit. On peut donc poser cette règle : en matière d'actions récursoires, le délai comme la déchéance n'opèrent que d'une manière relative.

Cependant nous pensons que le porteur, sans encourir la déchéance, pourra se passer de citer en justice l'endosseur à qui il demande la somme qui ne lui a pas été payée; la notification du protêt dans la quinzaine suffit, et celui-ci à son tour pourra actionner dans la quinzaine les signataires antérieurs; en effet, l'endosseur ne pourra pas se plaindre, puisque cela a été fait dans son intérêt pour lui éviter des frais : cette notification dans la pratique se fait ordinairement par correspondance.

Si le porteur néglige de notifier le protêt dans la quinzaine, il est, comme s'il n'avait pas fait protester, déchu de tous ses droits contre les endosseurs; si l'un des endosseurs, après avoir reçu la notification, reste plus de quinze jours sans la faire parvenir aux autres, il est aussi déchu : la négligence lui fait perdre la garantie des autres endosseurs, il n'a de recours que contre le tireur et le tiré, et il perdrait même la garantie du tireur si celui-ci prouvait qu'il y avait provision à l'échéance; alors il ne conserverait son recours que contre le tiré.

Mais le tireur est-il obligé de prouver qu'il a remis la provision avant l'échéance ? Non sans doute, il suffit qu'il prouve que le retard trop prolongé du porteur lui a fait perdre en fait le pouvoir de rentrer dans son déboursé, par exemple, si pendant que le porteur garde la lettre de change dans son portefeuille le tiré fait faillite après avoir reçu la somme, le tireur opposera au porteur la maxime : toute personne causant par son fait à une autre un dommage, doit le réparer.

Le porteur n'est pas déchu, après les délais passés contre le tireur ou celui des endosseurs qui a reçu les fonds destinés au paiement de la lettre de change ; c'est évident, puisque lui seul dans ce cas c'est enrichi, dèslors il est tenu.

On peut garantir le paiement d'une lettre de change par une hypothèque ; mais dans ce cas, il faut agir avec beaucoup de précaution et faire viser la lettre de change par un notaire. La loi allemande n'a pas permis de garantir la lettre de change par une hypothèque.

Mais quand on a pris une inscription sur les registres du conservateur en vertu d'une lettre de change, on ne peut plus la faire radier sans détruire la lettre de change, parce que la lettre de change est elle-même créancière, et on ne peut radier les inscriptions que sur une main-levée du créancier, qui, ici, ne peut donner son consentement. Le preneur de cette lettre de change, porteur nouveau, pourrait réclamer son rang, puisqu'il agit pour et au nom du papier, qui est incapable.

Le porteur peut aussi, pour garantir le paiement de la lettre de change qui a été protestée, en demandant la permission au juge, faire une saisie conservatoire des meubles et effets mobiliers du tireur, accepteur et des endosseurs ; ce droit, qui est bien extraordinaire, ne doit être accordé par le juge qu'avec la plus grande réserve et seulement quand il s'agit de signatures qui n'ont aucune valeur ; le juge doit bien connaître la position des parties.

QUESTIONS.

I. Que doit faire le porteur d'une lettre de change non payée? — Il doit faire protester.

II. Le porteur peut-il exercer son recours contre tous les signataires ? — Oui, s'il agit dans les délais.

III. *Quid*, s'il néglige de notifier dans les délais ? — Il est déchu envers les obligés secondaires.

IV. *Quid*, si le tireur prouve qu'il y avait provision à l'échéance ? — Il n'a plus de recours que contre le tiré.

V. Le porteur est-il obligé de citer en justice ? — Non.

VI. Peut-on garantir la lettre de change par une hypothèque ? Oui.

Droit Administratif.

———

Quelles sont les principales attributions de l'administration active au second chef.

Le droit administratif, réglé par beaucoup de lois différentes, n'est pas, comme on l'a dit un dédale inextricable, un entassement incohérent d'articles impossibles à saisir et à appliquer, mais au contraire, c'est une matière simple et facile.

Le pouvoir administratif est aussi utile au pays que le pouvoir judiciaire, et les rêves faits pour abolir ce rouage essentiel à la sûreté publique, ne pourront jamais aboutir; cependant il ne faut pas confondre ces deux pouvoirs, car, l'autorité administrative et l'autorité judiciaire sont indépendantes l'une de l'autre.

On a dit que dans les procès administratifs le pouvoir était en même temps juge et partie; personne ne croira jamais que les conseillers d'État soient tellement identifiés au ministre qui a rendu la décision, au point d'abdiquer tout sentiment de pudeur et de justice pour faire triompher l'iniquité. (*Chauveau Intr. P. LII.*)

Et c'est avec raison que M. de Cormenin a dit: J'affirmerais volontiers qu'il n'y a pas de tribunal en France qui juge avec plus d'indépendance de caractère et de conscience, que le Conseil-d'Etat.

Le mot compétence désigne la mesure de pouvoir départi à chaque fonctionnaire public ; l'étude des compétences est d'une grande utilité, car quand on connaît bien à qui on doit s'adresser pour chaque affaire particulière, on évite des pertes de temps et d'argent.

Le pouvoir exécutif se divise :

1o En pouvoir exécutif pur qui gouverne, fait les choses importantes, commande les forces de terre et de mer, déclare la guerre, fait les traités de paix, etc. (Const. des 20 et 21 décembre 1851, art. 6);

2o En administration active qui administre ; elle se trouve toujours en contact avec les individus dans l'application des règles d'intérêt général.

En fonctionnant, l'administration peut porter atteinte à des intérêts ou à des droits ; dans le premier cas il n'y a pas de recours possible ; dans le second au contraire le recours est admis : pour cette raison on a divisé l'administration en deux parties :

Administration active au premier chef ou pouvoir gracieux ;

Administration active au second chef ou pouvoir contentieux.

Ainsi le pouvoir exécutif pur ne s'occupe que des intérêts généraux, tandis que l'administration active s'occupe des individus.

Il y a une grande différence entre le pouvoir gracieux et le pouvoir contentieux : le premier ne peut toucher que des intérêts, et le second blesse des droits ; mais quelle différence y a-t-il entre les mots droit et intérêt ? Pris dans le sens administratif, le mot intérêt signifie tout ce qui peut procurer des bénéfices ; ainsi chaque fois qu'une personne peut retirer un avantage plus ou moins grand d'une concession, d'une gratification, elle n'a qu'un intérêt : l'administration peut accorder ou refuser selon que l'intérêt général le demande, sans que la partie puisse s'en plaindre, car ici il y a absence complète de droit.

Le droit au contraire naît de la possession reconnue par la loi, comme la qualité de propriétaire celle de Français, etc., ou encore d'une concession déjà accordée par le pouvoir gracieux ou administration active au premier chef : dans ce cas il y a droit acquis ; ce droit est tout aussi respectable que le premier, et le recours contentieux sera ouvert toutes les fois que l'administration viendra blesser un droit soit primitif soit acquis.

Ainsi un moyen infaillible pour reconnaître si une matière est gracieuse ou contentieuse, on n'a qu'à regarder s'il y a en jeu un intérêt ou un droit; dans le premier cas, encore une fois, la matière est gracieuse, dans le second elle est contentieuse.

Celui qui sait dans quel cas et quand une matière est contentieuse, connaît le droit administratif, parce qu'il sait aussi, par conséquence, quand elle ne l'est pas.

M. Dupin a dit: Depuis quarante ans, il est vrai, le pouvoir administratif et le pouvoir judicaire sont deux voisins mal bornés qui se font continuellement la guerre. Alors la proposition pouvait être exacte; mais depuis que le langage administratif a pris des termes propres auxquels on peut facilement reconnaître ce qui le touche, depuis qu'il s'est écarté de tout ce qui n'est pas lui, cette proposition n'est plus vraie.

Pour reconnaître si une matière est judiciaire ou administrative, on n'a qu'à appliquer cette formule qui ne trompe jamais: Chaque fois que l'intérêt spécial émanant de l'intérêt général, se trouve discuté, en contact avec un droit privé, la matière est administrative et il y a contentieux. L'intérêt général forme le droit le plus sacré, qui est le droit social, l'intérêt spécial n'est qu'un démembrement de l'intérêt général; ce droit discuté avec un droit privé forme le contentieux administratif.

Quand il intervient un contrat, il peut y avoir tous les caractères du contentieux; mais la discussion manque: au contraire la matière est gracieuse si le dissentiment existant, la discussion ne pouvait avoir lieu; car on ne peut pas recourir pour un simple intérêt aux tribunaux administratifs.

Les droits privés se divisent en droits proprement dits et droits acquis: les droits proprement dits sont inhérents à la qualité de propriétaire ou inhérents à la personne, les droits acquis sont tous émanés du pouvoir administratif discrétionnaire: dans le premier cas se trouve le droit de jouir ou de ne pas jouir, le droit de locomotion, de vote, etc.; dans le second cas le droit d'obtenir les diplômes après les épreuves exigées, le droit à la retraite après les années de service et l'âge voulu par la loi; encore le droit qu'a un fonctionnaire inamovible révoqué de faire réparer en sa personne la violation d'un droit acquis, et les garanties qui lui sont assurées par la loi ; le droit de faire fonctionner un atelier insalubre, incommode ou dangereux après avoir obtenu la permission de l'établir ; le droit qu'a un adjudicataire aux bénéfices de l'entreprise qu'on lui enlève. Dans tous ces cas, l'intérêt spécial émanant de l'intérêt général est discuté, en contact avec un droit privé.

L'Etat peut être considéré sous deux faces : comme simple propriétaire: il peut avoir des discussions avec ses voisins ; alors on les portera devant les tribunaux judiciaires, comme représentant la société, personnification de l'intérêt public : les démêlés avec les particuliers sont portés devant les tribunaux administratifs.

Soit que ce soit en matière de travaux publics, marchés publics, trésor public, soit que, pour usurpation ou anticipation en matière de grande ou petite voirie, on soit pris en contravention, ou pour toute autre chose où l'intérêt spécial émanant de l'intérêt général se trouve discuté, en contact avec un droit privé, la matière est administrative.

Nous ne fournirons qu'un exemple pour justifier l'application simple et facile de la formule : en matière de travaux publics, par exemple, on construit des routes ; voilà l'intérêt général, tout le monde est intéressé à ce que les communications soient promptes, sûres, faciles.

Les travaux publics sont exécutés par des entrepreneurs ou adjudicataires : cet adjudicataire, représentant l'administration, a les droits qu'elle pouvait avoir. Il pourra prendre dans les propriétés désignées les matériaux nécessaires à la construction. Ici, nous trouvons l'intérêt spécial de l'entrepreneur émanant de l'intérêt général. Le propriétaire se trouve froissé dans son droit, il refuse l'indemnité qu'on lui propose, voilà le droit privé et la discussion ; il élèvera un recours devant le conseil de préfecture. (Loi du 28 pluviose an VIII, art. 4.)

Nous trouvons ici l'application de toute la formule ; nous la trouverions dans chacune des autres matières.

Quand une personne demande la permission d'établir un atelier insalubre de première classe, on affiche la demande, afin que les voisins à qui peut nuire l'établissement de cet atelier puissent faire leurs réclamations ; puis le préfet, agissant au gracieux, permet cet atelier. S'il refuse, on peut présenter une supplique au Conseil d'Etat. Les propriétaires peuvent plus tard, quand ils sont incommodés par le voisinage, se pourvoir devant le conseil de préfecture pour faire retirer la concession ou se faire payer des dommages intérêts. (Loi du 28 pluviose an VIII, art. 4).

Chaque fois que l'intérêt de l'État, comme représentant la société, se trouve discuté, en contact avec un droit privé, nous l'avons dit, la matière est administrative. Mais si au lieu de l'Etat nous avons une cnmmune, un établissement public, l'intérêt général qui se rattache à l'Etat seul n'existe plus, et alors la discussion doit être portée devant les tribunaux judiciaires.

Le déclassement ne peut résulter que de la volonté de la loi ; il a lieu lorsqu'une matière qui est dévolue par le principe à telle juridiction est donné par la loi à telle autre ; il change fictivement la nature d'une matière qui, gracieuse d'après les principes, devient contentieuse d'après la loi. Il y a plusieurs espèces de déclassements : ceux qui sont motivés sur des raisons d'ordre public, comme le droit qu'a le préfet d'empêcher telle personne d'exercer la profession de boucher ou de boulanger, malgré la liberté de professions établie par nos principes révolutionnaires. La personne peut se pourvoir au contentieux contre cette décision, qui est gracieuse d'après les principes. Le déclassement a lieu aussi dans les actes de tutelle administrative des communes, des hospices et autres établissements publics. Le conseil de préfecture peut leur donner ou leur refuser l'autorisation de plaider ; cependant, par déclassement, les communes peuvent exercer un recours contre cet acte gracieux de tutelle. M. de Cormenin appelle ce recours quasi-contentieux, parce que le Conseil d'Etat ne statue pas en séance publique. Nous l'appellerons mixte. Il y a les matières qui ont des affinités avec le contentieux, et celles qui ne se classent pas à cause de leur diversité.

Le Conseil-d'Etat est au sommet de la hiérarchie des juges administratifs. On peut dire qu'il est le haut tribunal de l'administration auquel ressortissent toutes les questions contentieuses administratives. Il connaît des jugements rendus par le conseil de préfecture ; des décisions prises par les ministres et les préfets. On a trois mois pour interjeter appel, à partir du jour de la signification du jugement ou décision. Si le Conseil-d'Etat agit presque toujours comme tribunal de second degré , le conseil de préfecture , le ministre , le préfet, sont toujours du premier degré.

QUESTIONS.

I. Quelle différence y a-t-il entre le gracieux et le contentieux ? — L'un touche des intérêts , l'autre blesse des droits.

II. Comment reconnaît-on le contentieux ? — Quand l'intérêt spécial émanant de l'intérêt général est discuté, en contact avec un droit privé.

III. Les droits acquis donnent-ils lieu à un recours ? — Oui.

IV. L'Etat propriétaire est-il jugé administrativement ? — Non.

V. Le refus d'autoriser les communes à plaider est-il gracieux ? — Oui ; mais par déclassement il y a recours mixte.

Cette Thèse sera soutenue, en séance publique, dans une des salles de la Faculté , le 7 août 1858.

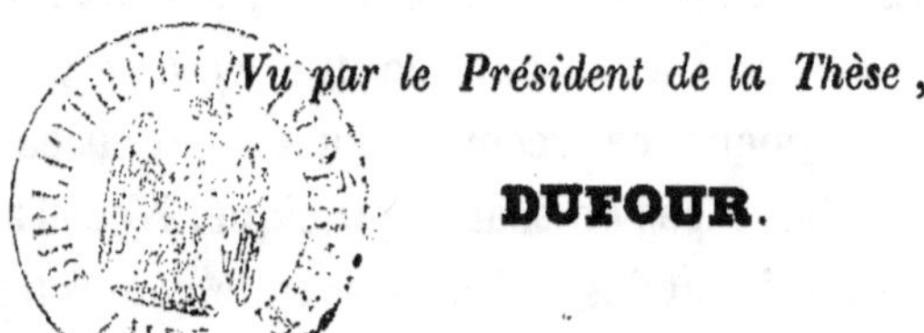

Vu par le Président de la Thèse ,

DUFOUR.

Toulouse . Imprimerie Troyes Ouvriers Réunis rue Saint-Pantaléon , 5

* 9 7 8 2 0 1 3 4 4 8 5 9 8 *